¡Sé un buen líder!

Jennifer Overend Prior, Ph.D.

Asesoras

Shelley Scudder
Maestra de educación de estudiantes dotados
Broward County Schools

Caryn Williams, M.S.Ed.
Madison County Schools
Huntsville, AL

Créditos de publicación

Dona Herweck Rice, *Jefa de redacción*
Lee Aucoin, *Diseñadora de multimedia principal*
Torrey Maloof, *Editora*
Diana Kenney, M.A.Ed., NBCT,
    Editora asociada de educación
Marissa Rodriguez, *Diseñadora*
Stephanie Reid, *Editora de fotos*
Traducción de Santiago Ochoa
Rachelle Cracchiolo, M.S.Ed., *Editora comercial*

Créditos de imágenes: Tapa, págs. 1, 9 Alamy; pág. 19 Corbis; págs. 12, 13, 16–17, 18, 24 Getty Images; págs. 4, 5, 8, 10 iStockphoto; pág. 14 The Library of Congress [3a17019u]; pág. 6 The Library of Congress [LC-DIG-pga-03757]; pág. 11 The Library of Congress [LC-DIG-ppmsca-19241]; pág. 15 The Library of Congress [LC-DIG-det-4a27975]; pág. 7 The White House; todas las demás imágenes de Shutterstock.

Teacher Created Materials
5301 Oceanus Drive
Huntington Beach, CA 92649-1030
http://www.tcmpub.com
ISBN 978-1-4938-0485-6
© 2016 Teacher Created Materials, Inc.

Índice

¡Lidera el camino! 4

Conocimientos. 8

Honestidad 10

Valor .12

Respeto. 14

Comunicación 16

Sé un líder. 18

¡Enséñalo! 20

Glosario 22

Índice analítico 23

¡Tu turno!. 24

¡Lidera el camino!

¿Qué es un **líder**? ¿Lo sabes? Un líder guía a la gente. Un líder es justo y servicial.

Este entrenador de fútbol lidera a su equipo.

Esta niña recibe una estrella por liderar a su tropa.

Los líderes piensan en lo que es mejor. Luego ayudan a tomar decisiones para un grupo. Los buenos líderes muestran el camino a la gente.

George Washington fue un buen líder. Fue el primer presidente de los Estados Unidos.

El presidente

El presidente de los Estados Unidos es un líder. El presidente lidera el país.

el presidente Barack Obama

Conocimientos

Los buenos líderes son inteligentes. Saben cómo tomar buenas decisiones. Los líderes tienen **conocimientos** para compartir.

Estos padres comparten conocimientos con sus hijos.

Muchos líderes

Los padres son líderes en las familias. Los maestros son líderes en las escuelas.

Esta maestra comparte sus conocimientos con una estudiante.

Honestidad

Un buen líder es **honesto**. Los líderes deben decir la verdad. La gente debería poder confiar en los líderes.

Los jueces son líderes en la sala de un juzgado.

Abe el Honesto

Abraham Lincoln fue presidente de los Estados Unidos. La gente comenta que él decía la verdad. Lo llamaban Abe el Honesto.

Abraham Lincoln

Valor

Un líder es **valiente.** Tú eres valiente cuando haces lo correcto aunque tengas miedo.

Los astronautas son valientes cuando viajan al espacio.

Los soldados son valientes cuando van a la guerra.

Respeto

Un buen líder muestra **respeto**. Los buenos líderes también son respetados. Pueden hacerlo al ser justos y **educados**.

Alexander Graham Bell fue respetado cuando inventó el teléfono.

¡Gánatelo!

Los líderes son respetados también por sus buenas ideas.

Un hombre usa el primer teléfono.

Comunicación

Los buenos líderes se saben **comunicar** bien. Tienen buenas **habilidades** de escritura. Hablan claramente. Escuchan cuidadosamente.

Este padre habla con su hijo.

¡Exprésate!

Los buenos líderes se aseguran de que la gente pueda escucharlos bien y con claridad.

El Dr. Martin Luther King Jr. le habla a una multitud.

Sé un líder

¡Tú puedes ser un líder! Puedes ser un líder en casa. Puedes ser un líder en la escuela.

Esta niña lidera el Juramento de lealtad.

Este niño lidera su equipo.

¡Enséñalo!

Sé un líder. Enseña un nuevo juego a un amigo. Sé honesto con las reglas. Habla de lo que tu amigo hizo bien.

Esta niña enseña a su amiga a jugar un juego nuevo.

Este niño enseña a su amiga a jugar ajedrez.

BUEN TRABAJO

Glosario

comunicar: dar información a alguien sobre algo

conocimientos: información que obtienes al aprender cosas

educados: que tienen buenos modales

habilidades: cosas que haces bien

honesto: que dice la verdad

líder: alguien que guía a otras personas

respeto: la manera en que muestras que alguien o algo es importante

valiente: que es capaz de hacer lo correcto aunque tenga miedo

Índice analítico

Bell, Alexander Graham, 14

conocimientos, 8–9

King, Dr. Martin Luther Jr., 17

Lincoln, Abraham, 11

Obama, Barack, 7

respeto, 14–15

valiente, 12–13

Washington, George, 6

¡Tu turno!

Lidera el camino

La niña en la foto lidera el Juramento de lealtad. ¿Cómo puedes ser un líder en la escuela? ¿Cómo te sientes cuando eres un líder? Escribe acerca de ti como líder.